한국어와 중국어의 이형 한자 동의어 대조

최금단 지음

한국어와 중국어의
이형 한자 동의어 대조

- 한국어 교육용 어휘 중 기본 동사 한자어를 중심으로 -

최금단 지음

도서출판 시간의물레

‖ 책을 내면서

한국어를 알면 중국어가 된다?

한글과 한자는 한국어의 양 날개라고 한다. 한국어에서 한자어가 차지하는 비중은 작지 않은데, 일례로 『큰 사전』의 통계에 따르면 한국어에서 한자어는 고유어보다 많으며 표준어에서의 비율은 한자어가 60%, 고유어가 40%를 차지한다. 실제로 한국어에서 한자어의 비율은 『큰 사전』의 통계보다 더 높으며 전문 용어일수록 한자어가 차지하는 비중이 더 큰 것으로 조사되었다. 한자어는 중국어에서 차용되었으며 현지화의 과정을 거쳐 국어 언어생활의 불가분적 요소가 되었다. 따라서 한국어 화자가 일상생활 속에서 익히 사용하고 있는 한자어를 활용하여 중국어를 학습할 수 있다면 그 학습 효과는 배가될 것이다. 그렇다면 어떠한 어휘들이 중국어를 구사하는 데에 도움이 될까? 어휘 중에서 동사의 문법적 역할이 가장 중요하고 할 수 있다. 한국 한자어에는 중국어 어휘와 어휘를 구성하고 있는 1) 한자 형태소와 2) 형태소 배열 위치가 같으며 3) 의미도 동일하게 사용되는 동사가 상당히 많다. 다음의 문장을 살펴보도록 하자.

① 세계 각국이 국제 우호 관계를 유지하기 위해 노력하고 있다.
② 世界 各國이 國際 友好 關係를 維持하기 爲해 努力하고 있다.
③ 世界 各国이 国际 友好 关系를 维持하기 为해 努力하고 있다.
④ 世界各国为维持国际友好关系而努力。

위의 문장 속에서 대응되는 단어들의 글자는 ① 한글, ② 한국어의 한자에 쓰이는 번체자, ③ 중국어의 한자에 쓰이는 간화자, ④ 중국어의 한자에 쓰이는 간화자이다. 이들 문장 속에서 대응되는 한자 어휘들은 의미가 같을 뿐만 아니라 심지어 발음까지도 유사하다. 위의 문장에 대한 한국어 화자와 중국어 화자의 이해력은 한자나 한자 어휘를 사용하지 않는 타국의 화자에 비해 월등히 높을 수밖에 없으며 이에 대해 이론의 여지가 없을 것이다. 위의 문장 속에서 대응되는 한중 어휘 중 명사 '世界(세계) - 世界, 各國(각국) - 各国, 國際(국제) - 国际, 友好(우호) - 友好, 關係(관계) - 关系'와 동사 '維持하다(유지하다) - 維持, 爲하다(위하다) - 为, 努力하다(노력하다) - 努力' 등 어휘는 한국어 화자와 중국어 화자가 언어생활 속에서 자주 사용하고 있는 일상 어휘들이다. 이러한 어휘들에 대한 대조 학습은 한국어 화자의 중국어 학습뿐만 아니라 나아가 중국어 화자의 한국어 학습에도 많은 도움을 줄 수 있다. 한자 어휘를 구성하고 있는 1) 한자 형태소와 2) 한자 형태소의 배열 위치가 같으며, 3) 아울러 의미도 같은 한자 어휘에 대한 한자문화권 언중들의 인지력과 논리적 이해력이 여타 언어권의 화자들보다 높은 것도 동일 형태의 한자 어휘 사용에서 비롯된다.

반면에 한국 한자어에는 중국어의 어휘와 어휘를 구성하고 있는 1) 부분 한자 형태소가 다른데 2) 의미가 동일하게 사용되는 동사도 적지 않다. 다음의 문장을 살펴보도록 하자.

① 우천 시 감전 사고가 발생하지 않도록 특히 조심해야 한다.
② 雨天 時 感電 事故가 發生하지 않도록 特히 操心해야 한다.
③ 雨天特别要小心发生触电事故。

위의 문장 속에서 한중 어휘 '雨天(우천) - 雨天, 時(시) - 时, 事故(사고) - 事故, 發生(발생) - 发生' 등 어휘는 한중 동형 동의어이기에 어휘에 대한 숙지를 통해서 어렵지 않게 학습할 수 있다. 이밖에 '感電(감전) - 触电, 特히(특히) - 特别, 操心(조심) - 小心' 등 어휘는 대응되는 한중 어휘의 부분 형태소가 다르다. 그러나 대응되는 '電(전) - 电, 特(특) - 特, 心(심) - 心'의 의미와 문맥의 흐름을 통해 '感電(감전) - 触电, 特히(특히) - 特别, 操心(조심) - 小心' 등 의미도 함께 파악할 수 있다.

이에 착안하여 필자는 본서에서 한국어와 중국어에서 이형 형태를 가진 [한중 이형 한자어]에 대해 그 의미와 용법을 비교하여 [한중 이형 한자 동의어] 관계에 있는 어휘들을 분석하였다. 필자의 분석 연구가 한국어 화자의 중국어 학습에 다소나마 도움이 되기를 진심으로 소망하는 바이다. 한중 대조를 통한 중국어 교육에 뜻을 두고 저서를 마무리하기까지에는 많은 분들의 도움이 있었다. 이 책을 쓰면서 처음부터 끝까지 탁월한 조언과 도움을 주신 유호상 사무관님께 감사의 뜻을 표하는 바이다. 그리고 교정·출판되기까지 많은 도움을 주신 시간의물레 출판사에 감사의 뜻을 표하고 싶다. 아울러 이 책에 기술된 모든 관점과 견해, 그리고 착오와 결함에 대한 책임은 오로지 필자에게 있음을 밝혀둔다. 이 책을 한국·중국·대만·일본에 있는 사랑하는 가족과 그리운 어머님과 형부께 바친다.

한국어를 알면 중국어가 된다!

2023년 가을 저자 씀

차 례

1. 한국어와 중국어의 이형 한자 동의어 / 11

2. 한중 어휘 가나다별 총색인 / 107

1. 한국어와 중국어의 이형 한자 동의어

1

[韓] 가담하다 [加擔하다]

[中] 加入 (jiā rù)

[例] 各地的人士都应该积极加入。

각지 인사들이 모두 적극적으로 가담해야 한다.

유의어 : 加入하다

2

[韓] 각오하다 [覺悟하다]

[中] 觉醒 (jué xǐng)

[例] 老师的开导终于使他觉醒到错误。

선생님의 타이름으로 그는 마침내 잘못을 각오하였다.

3

한 간택하다 [揀擇하다]

中 拣选 (jiǎn xuǎn)

例 那我断不会拣选这一个。

그렇다면 나는 절대로 이것을 간택하지는 않았을 것이다.

4

한 간행하다 [刊行하다]

中 发行 (fā xíng)

例 这套精选集在2023年首次以成套形式发行。

이 컬렉션은 2023년에 세트로 처음 간행되었다.

유의어 : 發行하다

5

韓 간호하다 [看護하다]

中 护理 (hù lǐ)

例 从小到大孩子每次生病，都是妈妈陪伴护理。

어릴 때부터 커서까지 매번 아이가 아프면 항상 엄마가 옆에서 간호했다.

6

韓 감당하다 [堪當하다]

中 堪 (kān)

例 跑了十公里本来是疲劳不堪的，可一听说要开饭了顿时又来了精神。

10킬로를 달려 원래는 도저히 피곤을 감당하기 어려웠었는데 식사한다는 얘기를 듣자마자 일시에 다시 생기를 찾았다.

7

[韓] 감전하다 [感電하다]

[中] 触电 (chù diàn)

[例] 小心触电，以免发生事故。

사고가 나지 않기 위해 감전에 조심해야 한다.

8

[韓] 강요하다 [强要하다]

[中] 强加 (qiáng jiā)

[例] 我觉得不能过早地把任何一家学说强加于初学的人。

나는 초보자에게 너무 일찍 어떠한 학설을 강요하지 말아야 한다고 생각한다.

9

🇰🇷 개최하다 [開催하다]

🇨🇳 开办 (kāi bàn)

例 开办展览会。

전람회를 개최하다.

10

🇰🇷 거부하다 [拒否하다]

🇨🇳 拒绝 (jù jué)

例 崔明本来不喝酒, 这次好似不能拒绝。

최명은 원래 술을 마시지 않는데, 이번에는 아마도 거부하지 못할 것 같다.

유의어 : 拒绝하다

11

[韓] 거역하다 [拒逆하다]

[中] 拒绝 (jù jué)

[例] 我可不能拒绝上司的意见。

나는 상사의 의견을 거역할 수 없다.

유의어 : 拒絶하다

12

[韓] 거처하다 [居處하다]

[中] 居住 (jū zhù)

[例] 离开家乡之后，她不得不一个人在外地居住。

고향을 떠난 후에 그녀는 어쩔 수 없이 타지에 혼자서 거처할 수밖에 없었다.

13

韓 견학하다 [見學하다]

中 见习 (jiàn xí)

例 在公司见习了一段时间，积累了不少工作经验。

회사에서 한동안 견학하면서 적지 않은 업무 경험을 쌓았다.

14

韓 경감하다 [輕減하다]

中 减轻 (jiǎn qīng)

例 我们应该帮助别人减轻痛苦，鼓舞别人鼓起勇气。

우리는 다른 사람이 고통을 경감하도록 돕고, 용기를 내도록 격려하여야 한다.

15

[韓] 고민하다 [苦悶하다]

[中] 苦恼 (kǔ nǎo)

[例] 因为心里很苦恼, 所以来跟你商量。

마음속으로 너무 고민되어 너와 의논하러 왔다.

16

[韓] 고생하다 [苦生하다]

[中] 受苦 (shòu kǔ)

[例] 作为母亲她一辈子心甘情愿地为孩子们受苦受累。

그녀는 어머니로서 기꺼이 아이들을 위해 평생 고생했으며 힘든 일을 마다하지 않았다.

17

[韓] 공격하다 [攻擊하다]

[中] 攻打 (gōng dǎ)

[例] 再来攻打我国, 全国人民会进行强烈反击。

다시 와서 우리나라를 공격한다면, 전 국민이 강력히 반격할 것이다.

18

[韓] 공급하다 [供給하다]

[中] 供应 (gōng yìng)

[例] 首尔的市场一年四季都为市民供应各种新鲜蔬菜。

서울의 시장에서는 사계절 내내 시민을 위해 신선한 야채를 공급하고 있다.

19

韓 공사하다 [工事하다]

中 施工 (shī gōng)

例 隧道正在施工，完工后交通将会更加方便。

터널을 공사하고 있으며 완공된 후에는 교통이 더욱 편리해질 것이다.

20

韓 공연하다 [公演하다]

中 表演 (biǎo yǎn)

例 别忘了表演的时候一定要保持微笑的表情。

공연할 때는 미소를 지어 웃는 표정을 유지해야 하는 것을 잊지 말아야 한다.

21

[韓] 과시하다 [誇示하다]

[中] 夸耀 (kuā yào)

[例] 他会夸耀地说：哈哈！你看我的"条件"多好！

그는 아마도 "하하! 내 '조건'이 얼마나 좋은지 봐라!"라고 과시하며 말할 것이다.

22

[韓] 과시하다 [誇示하다]

[中] 夸大 (kuā dà)

[例] 他总喜欢在别人面前夸大自我，同学们都不太爱理他。

그는 다른 사람 앞에서 자신을 과시하기 좋아해서 친구들은 그를 상대하기를 꺼린다.

23

韓 과장하다 [誇張하다]

中 张大 (zhāng dà)

例 每次跟朋友们聊天总是爱张大其辞，所以大家都不太信任他。

매번 친구들과 얘기를 나눌 때 늘 말을 과장하기 좋아해서 다들 그를 그다지 신뢰하지 않는다.

유의어 : 誇大하다

24

韓 관람하다 [觀覽하다]

中 观看 (guān kàn)

例 王丹一面走，一面又观看新的美术画展。

왕단은 걸으면서 한편으로 또 새롭게 전시한 그림들을 관람하였다.

25

[韩] 관리하다 [管理하다]

[中] 掌管 (zhǎng guǎn)

[例] 这家公司由总经理掌管全局，副经理掌管财政。

이 회사에서는 사장이 모든 업무를 관리하고, 부사장이 재정을 관리하고 있다.

26

[韩] 관통하다 [貫通하다]

[中] 打通 (dǎ tōng)

[例] 自从隧道打通之后，城市之间的交通更加畅通了。

터널이 관통된 이후에 도시 사이의 교통이 더 원활해졌다.

27

[韓] 교대하다 [交代하다]

[中] 交接 (jiāo jiē)

[例] 这次交接工作时, 秀贞倒是放心。

이번에 업무를 교대할 때, 수정이는 오히려 안심되었다.

28

[韓] 구걸하다 [求乞하다]

[中] 乞求 (qǐ qiú)

[例] 和平是通过各国的共存努力取得的, 而不是乞求得来的。

평화는 각국의 공존 노력에 의해 이루어지는 것이지 구걸해서 얻어지는 것은 아니다.

유의어 : 乞求하다

29

韓 구걸하다 [求乞하다]

中 求告 (qiú gào)

例 我绝对不能向他求告。

나는 절대로 그에게 구걸할 수 없다.

30

韓 구급하다 [救急하다]

中 急救 (jí jiù)

例 事故刚刚发生，需要急救的患者越来越多，大家必须抓紧时间进行救护。

사고는 방금 발생했는데 구급해야 할 환자가 점점 늘어나고 있기에 모두 서둘러서 구호해야 한다.

31

[韓] 구원하다 [救援하다]

[中] 援救 (yuán jiù)

[例] 看到他们掉进深渊, 但是因为不会游泳所以无法援救。

그들이 깊은 물 속으로 빠진 것을 보았으나 수영할 줄 몰라서 구원할 수가 없었다.

32

[韓] 구입하다 [購入하다]

[中] 购买 (gòu mǎi)

[例] 应该进行多方宣传, 并劝导市民购买口罩。

다방면으로 홍보하면서 시민들에게 마스크를 구입하도록 권고해야 한다.

유의어 : 購買하다

33

[韓] 권유하다 [勸誘하다]

[中] 劝说 (quàn shuō)

[例] 又雄辩地劝说了一番，也没有用。

다시 한번 설득력 있게 권유하였으나, 역시 소용이 없었다.

34

[韓] 권장하다 [勸奬하다]

[中] 劝勉 (quàn miǎn)

[例] 学校积极劝勉学生们多阅读课外书籍，以此来拓宽眼界。

학교에서는 학생들이 과외 서적을 많이 읽어 안목을 넓힐 것을 적극적으로 권장하고 있다.

35

[韓] 규탄하다 [糾彈하다]

[中] 弹劾 (tán hé)

[例] 议会又一次弹劾新任总统，最终结果尚不明确。

의회에서는 신임 대통령에 대해 또다시 규탄하였고, 그 최종 결과는 아직까지 명확하지 않다.

36

[韓] 급변하다 [急變하다]

[中] 骤变 (zhòu biàn)

[例] 一百年之间地球的气候骤变，气温平均提升了一度。

백 년 사이에 지구의 기후는 급변하였고, 기온은 평균 1도가 상승하였다.

37

韓 기원하다 [祈願하다]

中 祈求 (qí qiú)

例 祈求能够实现多年的梦想。

오랫동안 가지고 있던 꿈을 이루기를 기원한다.

38

韓 기획하다 [企劃하다]

中 规划 (guī huà)

例 教育制度是百年大计, 所以应该谨慎规划。

교육제도는 백년대계이기에 신중하게 기획하여야 한다.

39

[韓] 낙심하다 [落心하다]

[中] 灰心 (huī xīn)

[例] 灰心的时候多想一想成功之后的喜悦，烦恼就会消失。

낙심할 때에는 성공한 이후의 희열을 생각해 보면 고민은 사라질 것이다.

40

[韓] 내왕하다 [來往하다]

[中] 往来 (wǎng lái)

[例] 至今我也始终不明白你为啥跟这种坏人往来?

지금까지도 나는 도저히 네가 왜 이런 나쁜 사람과 내왕하고 있는지 모르겠다.

유의어 : 往來하다

41

담당하다 [擔當하다]

担任 (dān rèn)

他去年担任了公司全体员工的技术和安全教育。

그는 작년에 회사 전체 직원의 기술과 안전 교육을 담당하였다.

42

답례하다 [答禮하다]

答谢 (dá xiè)

叫你家人来答谢，实在是不好意思。

당신의 가족이 와서 답례하도록 한다면, 너무 송구할 것 같다.

43

🇰🇷 당면하다 [當面하다]

🇨🇳 面临 (miàn lín)

例 大学毕业生都在面临就业难问题，社会各界应该积极参与为其分忧解难。

대학 졸업생들은 모두 취업난 문제에 당면하고 있으며, 사회 각계에서는 그들이 어려움을 해소할 수 있도록 적극적으로 도와주어야 한다.

44

🇰🇷 당부하다 [當付하다]

🇨🇳 嘱付 (zhǔ fù)

例 老师再三嘱付不要害怕失败，应该鼓起勇气。

선생님은 실패를 두려워하지 말고 용기를 내야 한다고 재삼 당부하였다.

45

韓 당황하다 [唐慌하다]

中 惊慌 (jīng huāng)

例 因为犯了大错, 他心里很是惊慌。

큰 잘못을 저질러서 그는 마음속으로 굉장히 당황하였다.

46

韓 대비하다 [對備하다]

中 对付 (duì fu)

例 我还要跟代表团去进行谈判, 真不知道如何对付!

나는 또 대표단과 함께 담판을 하러 가야 하는데, 참으로 어떻게 대비해야 할지 모르겠다.

유의어 : 對應하다, 對處하다

47

韓 대신하다 [代身하다]

中 代替 (dài tì)

例 我不能去, 你代替我去一下可以吗?

나는 갈 수가 없는데 당신이 나를 대신해서 갈 수 있어?

48

韓 대응하다 [對應하다]

中 对付 (duì fu)

例 我还要跟代表团去进行谈判, 真不知道如何对付!

나는 또 대표단과 함께 담판을 하러 가야 하는데, 참으로 어떻게 대응해야 할지 모르겠다.

유의어 : 對備하다, 對處하다

49

[韓] 대처하다 [對處하다]

[中] 对付 (duì fu)

[例] 我还要跟代表团去进行谈判, 真不知道如何对付!

나는 또 대표단과 함께 담판을 하러 가야 하는데, 참으로 어떻게 대처해야 할지 모르겠다.

유의어 : 對備하다, 對應하다

50

[韓] 대피하다 [待避하다]

[中] 躲避 (duǒ bì)

[例] 刚刚发生火灾, 大家应该马上躲避到安全的地方。

방금 화재가 발생했으니 모두 빨리 안전한 곳으로 대피해야 한다.

51

韓 도달하다 [到達하다]

中 达到 (dá dào)

例 达到目标之后也应该继续为未来而努力。

목표에 도달했을지라도 미래를 위해 계속 노력을 기울여야 한다.

52

韓 도발하다 [挑發하다]

中 挑衅 (tiǎo xìn)

例 傲慢地一笑，挑衅地看着对方。

오만하게 한 번 웃고는 도발하듯이 상대방을 바라보고 있었다.

53

[韓] 도착하다 [到着하다]

[中] 到达 (dào dá)

[例] 列车上午开出, 深夜才可以到达北京。

열차는 오전에 출발해 심야에야 북경에 도착할 수 있다.

유의어 : 到達하다

54

[韓] 등분하다 [等分하다]

[中] 平分 (píng fēn)

[例] 把一块面包平分为4份。

한 덩어리의 빵을 넷으로 등분하였다.

55

[韓] 등용하다 [登用하다]

[中] 录用 (lù yòng)

[例] 积极录用高级人才，公司的未来才会有更大的发展。

적극적으로 고급 인재를 등용해야 만이 회사의 미래가 더 큰 발전을 이루게 된다.

56

[韓] 망명하다 [亡命하다]

[中] 流亡 (liú wáng)

[例] 为了躲避政治迫害，他只能带领全家流亡海外。

정치적인 박해를 피하기 위해 그는 온 식구를 데리고 해외로 망명할 수밖에 없었다.

57

韓 맹세하다 [盟誓하다]

中 发誓 (fā shì)

例 他对女朋友发誓将来一定不会变心。

그는 여자 친구한테 앞으로 절대 변심하지 않을 것이라고 맹세하였다.

58

韓 멸시하다 [蔑視하다]

中 藐视 (miǎo shì)

例 对他人藐视的态度已经超出想象。

타인을 멸시하는 태도는 이미 상상을 초월하였다.

59

🇰🇷 모금하다 [募金하다]

🇨🇳 募捐 (mù juān)

例 同事们为他的告别晚会募捐。

동료들은 그의 송별회를 위해 모금하였다.

60

🇰🇷 모방하다 [模倣하다]

🇨🇳 仿效 (fǎng xiào)

例 孩子会仿效大人的语气和行为，所以要处处小心。

아이들은 어른의 말투와 행동을 모방할 수 있기 때문에 매사에 조심해야 한다.

61

韓 모방하다 [模倣하다]

中 效仿 (xiào fǎng)

例 因为坚持效仿知名演员的演技, 所以这几年她的水平越来越高。

끊임없이 유명한 배우의 연기를 모방하였기에 근 몇 년 동안 그녀의 수준이 날로 높아져 갔다.

【분석】 한국 한자어 [模倣하다]는 중국어의 [模仿]과 같은 용법으로 사용된다. 중국어에서 [模仿]과 [仿效]·[效仿]은 유의어이지만 문장에서 표현하고자 하는 의미에 맞게 선택해야 한다. 이를테면 중국어의 [仿效]와 [效仿]은 '모방하다'의 의미 외에도 '본받다'의 의미를 내포하고 있음에 유의해야 한다.

62

[韓] 모함하다 [謀陷하다]

[中] 陷害 (xiàn hài)

[例] 如果真的是陷害了好人，那他一辈子会受到良心的谴责。

만약 정말로 좋은 사람을 모함했다면, 그는 평생 양심의 가책을 받게 될 것이다.

63

[韓] 문안하다 [問安하다]

[中] 问候 (wèn hòu)

[例] 每个同学都想写信问候老师。

학우들은 저마다 편지를 써서 선생님께 문안하고자 하였다.

64

[韓] 발견하다 [發見하다]

[中] 发现 (fā xiàn)

[例] 我突然发现他的眼里又重新充满了希望。

나는 갑자기 그의 눈에 다시금 희망이 가득 차 있는 것을 발견하였다.

65

[韓] 발악하다 [發惡하다]

[中] 发狂 (fā kuáng)

[例] 敢在我跟前发狂, 我是不饶他的。

감히 내 앞에서 발악한다면 그를 용서하지 않을 것이다.

66

韓 방송하다 [放送하다]

中 播放 (bō fàng)

例 每当电视里播放韩国连续剧"大长今"的时候, 路上的行人就明显减少。

매번 텔레비전에서 한국의 연속극 '대장금'을 방송할 때에는 길에 행인이 눈에 띄게 감소하였다.

【분석】 한국 한자어 '放送하다'는 일본 한자어 '放送(ほうそう)する'의 차용어이며 중국어의 '播放, 播送, 广播'와 대등한 유의어이다. 그러나 어휘 사용 환경에서의 차이가 존재하는데, 이를테면 '방송통신대학'은 중국어에서 '广播电视大学', 줄임말로는 '电大'라 표현해야 한다.

67

韓 방출하다 [放出하다]

中 发放 (fā fàng)

例 为了调节资金流通不畅的问题，政府开始大量发放资金。

자금 회전이 순조롭지 않는 문제를 해결하기 위하여 정부에서는 대량의 자금을 방출하였다.

【분석】 한국 한자어 '放出하다'는 어휘이지만, 중국어에서 '放出'은 '放'과 '出'을 결합시킨 動補構造(동보구조)의 어구임에 유의해야 한다. 중국어에서 동사와 보어 '出'을 결합하여 '동사 + 出' 형식의 구조 형태가 종종 사용되고 있으나 이는 곧 '동사 + 出'을 하나의 어휘로 취급한다는 것을 의미하지는 않는다. 중국어에서 '放'은 '내보내다, 방출하다'의 의미를 나타내는 동사이고, '出'은 동사 '放' 뒤에 붙어 동작의 방향을 제시하는 방향 보어의 역할을 한다. 즉 '放 + 出'은 하나의 결합된 동보 구조형식이나 개별 어휘로서의 자격을 갖지 않는다. 중국에서 출판된 사전에는 '放出'이라는 표제어가 없는 데에 반해 『中韓辭典』을 비롯한 한국 다수의 중국어 사전에서는 '放出'을 품사가 동사인 개별 어휘로 풀이하고 있으며, 중한 표제어 수록의 차이를 보인다.

68

[韓] 방해하다 [妨害하다]

[中] 妨碍 (fáng ài)

[例] 虽然已经到了深夜, 但一点也没有妨碍他们热烈的讨论。

밤이 아주 깊었으나, 그들의 열렬한 토론을 조금도 방해하지 않았다.

69

[韓] 배급하다 [配給하다]

[中] 分配 (fēn pèi)

[例] 情况非常严重, 应该即时给难民们分配食物及各种生活必需品。

상황이 아주 심각하니 난민들에게 제때에 음식물과 각종 생활필수품을 배급해야 한다.

70

[韓] 배분하다 [配分하다]

[中] 分配 (fēn pèi)

[例] 老师给每个同学分配了新的任务, 希望大家尽力完成。

선생님은 모두에게 새로운 임무를 배분하였으니 여러분들이 최선을 다해 임무를 완수하기를 바란다.

71

[韓] 배치하다 [排置하다]

[中] 安排 (ān pái)

[例] 最近海上伤亡事故较多, 为了以防万一海边应该多安排紧急救护队员。

최근에 해상에서의 사상 사고가 빈번하게 발생하고 있으니, 만일의 사고를 대비하기 위하여 긴급 구호대원을 더 많이 배치해야 한다.

72

변명하다 [辨明하다]

辨白 (biàn bái)

如何辨白人家已经不再相信了，我也只好忍气吞声。

뭐라고 변명해도 사람들은 더 이상 믿지를 않으니 나도 참을 수밖에 없었다.

73

변장하다 [變裝하다]

化装 (huà zhuāng)

化装成医生潜伏在医院里进行调查。

의사로 변장해 병원에서 잠복하며 조사를 진행하였다.

74

[韓] 보유하다 [保有하다]

[中] 持有 (chí yǒu)

[例] 因为他持有公司的绝大部分股份, 所以当然有发言权了。

그는 회사 대부분의 지분을 보유하고 있기에 당연히 발언권이 있는 것이다.

75

[韓] 복구하다 [復舊하다]

[中] 恢复 (huī fù)

[例] 城市又恢复了原样, 仿佛从来没有发生过水灾。

도시의 모든 것이 다시 원래의 모습으로 복구되었고 수재가 전혀 발생하지 않았던 것 같다.

76

[韓] 부탁하다 [付託하다]

[中] 拜托 (bài tuō)

[例] 有一本书, 就拜托你转给他吧。

책 한 권이 있는데 네가 그에게 전해주기를 부탁한다.

77

[韓] 부탁하다 [付託하다]

[中] 托付 (tuō fù)

[例] 这件事老师就托付你办了, 希望你能够完成。

선생님이 이 일을 너에게 부탁하니 잘 마무리하기를 바란다.

78

🇰🇷 분간하다 [分揀하다]

🇨🇳 分辨 (fēn biàn)

例 大家都分辨不出他是来自哪个国家的学生。

모두가 그 학생이 어느 나라에서 왔는지 분간할 수 없었다.

유의어 : 分別하다

79

🇰🇷 분별하다 [分別하다]

🇨🇳 分辨 (fēn biàn)

例 交朋友的时候, 特别要注意分辨好人与坏人。

친구를 사귈 때는 특히 좋은 사람과 나쁜 사람을 분별하는 데에 주의를 기울여야 한다.

유의어 : 分揀하다

80

[韓] 분장하다 [扮裝하다]

[中] 装扮 (zhuāng bàn)

[例] 装扮成医生，潜伏在医院里进行调查。

의사로 분장해 병원에서 잠복하며 조사를 진행하였다.

81

[韓] 사과하다 [謝過하다]

[中] 谢罪 (xiè zuì)

[例] 我应该代表全家先向你深深地谢罪。

나는 먼저 온 가족을 대표해 당신에게 깊이 사과해야만 한다.

82

🇰🇷 사양하다 [辭讓하다]

🇨🇳 谦让 (qiān ràng)

例 作客时讲礼貌当然重要，但如果过于谦让就不太好了。

손님으로 초대를 받았을 때 예의를 지키는 것은 당연히 중요하지만, 지나치게 사양하는 것은 좋지 않다.

83

🇰🇷 산책하다 [散策하다]

🇨🇳 散步 (sàn bù)

例 周明一边悠闲地散步，一边思考工作上的安排。

주명은 한가로이 산책하면서 한편으로 업무의 배정에 대해 생각하였다.

84

🇰🇷 상륙하다 [上陸하다]

🇨🇳 登陆 (dēng lù)

例 海军陆战队在中午登陆。

해병대는 정오에 상륙했다.

85

🇰🇷 색칠하다 [色漆하다]

🇨🇳 涂色 (tú sè)

例 博物馆馆内的文物如有掉漆的地方, 应该即时涂色进行保护。

박물관 관내 문화재에 만약 칠이 벗겨진 곳이 있다면 제때에 색칠하여 보호해야 한다.

86

[韓] 선교하다 [宣敎하다]

[中] 传教 (chuán jiào)

[例] 自从他来传教之后，很多人开始信教。

그가 선교하러 온 이후부터 많은 사람들이 종교를 믿기 시작하였다.

87

[韓] 설득하다 [說得하다]

[中] 劝说 (quàn shuō)

[例] 我本来想劝说她，可是一看到她失望的表情就不做声了。

나는 그녀를 설득하려고 했으나 그녀의 실망하는 표정을 보고서는 입을 다물었다.

88

[韓] 성묘하다 [省墓하다]

[中] 扫墓 (sǎo mù)

[例] 每年清明扫墓, 以此来怀念先人。

매년 청명에 성묘하며 돌아가신 분을 그렸다.

89

[韓] 세배하다 [歲拜하다]

[中] 拜年 (bài nián)

[例] 手头再拮据, 春节也不能空着手去给亲戚们拜年。

집안 사정이 아무리 여의치 못해도 구정에는 빈손으로 친척들에게 세배하러 갈 수는 없다.

90

韓 세수하다 [洗手하다]

中 洗脸 (xǐ liǎn)

例 他在洗脸。

그는 세수하고 있다.

91

韓 소개하다 [紹介하다]

中 介绍 (jiè shào)

例 我想把你介绍给我的朋友。

내가 너를 내 친구에게 소개해 주고 싶어.

【분석】 한국 한자어 '紹介하다'는 일본 한자어 「しょうかいする」의 차용어이다. 현용 중국어에서는 '紹介'라는 어휘가 더 이상 사용되지 않지만 20세기 초반까지도 '紹介'와 '介紹'가 혼용되었으며 의미, 품사, 용법이 모두 동일하였다.

92

[韓] 소매하다 [小賣하다]

[中] 零卖 (líng mài)

[例] 整趸零卖。

통째로 사들여 소매하다.

93

[韓] 수신하다 [受信하다]

[中] 收信 (shōu xìn)

[例] 要准确地写下收信地址。

우편물을 수신하는 주소를 정확히 적어야 한다.

94

韓 수영하다 [水泳하다]

中 游泳 (yóu yǒng)

例 到海滨游泳的地方应该多注意安全。

해변의 수영하는 곳으로 갈 때는 안전에 특히 주의해야 한다.

95

韓 수정하다 [修正하다]

中 修改 (xiū gǎi)

例 我一回到家就把上周写好的稿子修改了一下。

나는 집에 돌아오자마자 지난주에 써놓았던 원고를 수정하였다.

96

🇰🇷 수출하다 [輸出하다]

🇨🇳 出口 (chū kǒu)

例 我们公司主要出口化妆品。

우리 회사는 주로 화장품을 수출한다.

97

🇰🇷 숙달하다 [熟達하다]

🇨🇳 熟练 (shú liàn)

例 对加工技术非常熟练。

가공 기술에 대해 아주 숙달하였다.

98

韓 승진하다 [昇進하다]

中 晋升 (jìn shēng)

例 恭喜你今年又晋升了一级, 是不是得请大家好好吃一顿啊?

올해 또 한 계급 승진한 것을 축하해, 모두에게 한턱 톡톡히 내야 하지 않겠어?

99

韓 시기하다 [猜忌하다]

中 妒忌 (dù jì)

例 男同学们都开始妒忌校花英俊的男朋友。

남학생들은 학교 퀸의 준수한 남자친구를 시기하기 시작했다.

【분석】 한국 한자어 '猜忌하다'는 '샘하여 미워하다, 질투하다.'의 의미를 가지고 있다. 반면에 중국어의 '猜忌'는 "다른 사람이 자신에게 해를 입힐까 봐 의심하고 싫어한다."의 의미를 가지고 있다. 그러므로 이 두 어휘는 한중 대조에 있어서 동형 동의어 관계가 아닌 동형 이의어이다.

100

韓 시작하다 [始作하다]

中 开始 (kāi shǐ)

例 今年我开始学中国语，现在只是初级水平。

나는 올해부터 중국어를 배우기 시작해서 현재는 초급 수준에 지나지 않는다.

101

韓 시해하다 [弑害하다]

中 弑杀 (shì shā)

例 弑杀君主。

군주를 시해하였다.

102

[韓] 압수하다 [押收하다]

[中] 没收 (mò shōu)

[例] 警察将他拘捕并没收了现金。

경찰이 그를 체포하고 현금을 압수했다.

103

[韓] 애걸하다 [哀乞하다]

[中] 哀求 (āi qiú)

[例] 苦苦哀求。

간절하게 애걸하였다.

유의어 : 哀願하다

104

[韓] 애원하다 [哀願하다]

[中] 哀求 (āi qiú)

[例] 苦苦哀求。

간절하게 애원하였다.

유의어 : 哀乞하다

105

[韓] 약속하다 [約束하다]

[中] 约定 (yuē dìng)

[例] 我们约定明年一起出国旅游。

우리는 내년에 함께 해외여행을 가기로 약속했다.

106

[韓] 억압하다 [抑壓하다]

[中] 压抑 (yā yì)

[例] 压抑在她内心多年的痛苦，从来都没有跟人家说。

오랫동안 그녀의 마음을 억압했던 고통을 단 한 번도 다른 사람에게 얘기한 적이 없었다.

107

[韓] 연극하다 [演劇하다]

[中] 演戏 (yǎn xì)

[例] 如果没有真实的情感，演员是不能演戏的。

만약 진실한 감정이 없다면 배우는 연극할 수가 없는 것이다.

108

[韓] 연마하다 [鍊磨하다]

[中] 磨炼 (mó liàn)

[例] 艰苦的生活磨炼出超凡的毅力, 而且影响终生。

어려운 생활 형편은 남다른 의지력을 연마하게 하였고 그 영향은 평생토록 이어졌다.

109

[韓] 연명하다 [延命하다]

[中] 度命 (dù mìng)

[例] 在那艰难的岁月里, 他是靠邻居们的帮助来度命的。

예전의 그 어려웠던 시절에 그는 이웃들의 도움을 받으며 연명하였다.

110

[韓] 염려하다 [念慮하다]

[中] 挂念 (guà niàn)

[例] 妈妈一直挂念在国外留学的女儿们身体是否健康。

엄마는 해외에서 유학하고 있는 딸들이 건강한지에 대해 늘 염려하였다.

111

[韓] 예상하다 [豫想하다]

[中] 预料 (yù liào)

[例] 我已经预料到今天的会议是不可能再进行了。

나는 이미 오늘의 회의를 더 이상 진행할 수 없을 것이라고 예상했다.

112

[韓] 왕래하다 [往來하다]

[中] 来往 (lái wǎng)

[例] 不明白你为啥总是跟这种人来往?

네가 왜 이런 사람과 왕래하는지 모르겠다.

유의어 : 來往하다

113

[韓] 요약하다 [要約하다]

[中] 摘要 (zhāi yào)

[例] 每个同学们都能够抓住要点, 摘要发表。

학우들은 모두 요점을 추려 요약해서 발표할 수 있다.

114

[韓] 용서하다 [容恕하다]

[中] 饶恕 (ráo shù)

[例] 请饶恕我曾经对朋友们的伤害。

내가 친구들에게 주었던 상처를 용서해 주기를 바란다.

115

[韓] 운반하다 [運搬하다]

[中] 搬运 (bān yùn)

[例] 天开始阴了, 货车停下来之后司机赶忙往仓库里搬运面粉袋子。

날이 흐리기 시작했다. 운송차가 멈춰선 후 운전사는 서둘러 창고 안으로 밀가루 포대를 운반하였다.

116

[韓] 운영하다 [運營하다]

[中] 经营 (jīng yíng)

[例] 公司的规模越大, 越要小心经营。

회사의 규모가 커질수록 더욱 조심스레 운영해야 한다.

117

[韓] 원망하다 [怨望하다]

[中] 抱怨 (bào yuàn)

[例] 总是抱怨社会如何不公平是没有用的, 最重要的还是本人的不断努力。

사회가 불공평하다고 늘 원망하는 것은 아무런 소용이 없으며, 본인이 끊임없이 노력하는 것이 가장 중요하다.

118

[韓] 위로하다 [慰勞하다]

[中] 安慰 (ān wèi)

[例] 她哭得那么伤心，却没有人过去安慰她。

그녀가 너무나 슬프게 울었지만 누구도 가서 그녀를 위로해 주지 않았다.

119

[韓] 유용하다 [流用하다]

[中] 挪用 (nuó yòng)

[例] 擅自挪用公款是不法行为。

공금을 함부로 유용하는 것은 불법 행위이다.

120

🇰🇷 응답하다 [應答하다]

🇨🇳 答应 (dā ying)

例 记者问他好几回，可他就是不答应。

기자가 그에게 여러 번이나 질문했음에도 그는 응답하지 않았다.

121

🇰🇷 응원하다 [應援하다]

🇨🇳 声援 (shēng yuán)

例 许多学生公开声援国际环境保护组织。

많은 학생이 국제 환경보호 단체를 공개적으로 응원했다.

122

韓 의존하다 [依存하다]

中 依赖 (yī lài)

例 那个国家的经济很大程度上依赖于出口。

그 나라의 경제는 대부분 수출에 의존하고 있다.

123

韓 의지하다 [依支하다]

中 依靠 (yī kào)

例 我们家就只有这一个孩子, 等我们老了他将来能依靠谁?

우리 집에는 애가 이 하나뿐인데, 우리가 늙으면 장래에 이 아이가 누구에게 의지할 수 있지?

124

🇰🇷 입교하다 [入校하다]

🇨🇳 入学 (rù xué)

例 警察学校入学体检前, 一般应该注意哪几个事项?

경찰학교에 입교하는 신체검사 전에 일반적으로 몇 가지 사항을 주의해야 해?

유의어 : 入學하다

125

🇰🇷 입국하다 [入國하다]

🇨🇳 入境 (rù jìng)

例 除了罪犯以外都准许入境。

범죄자 이외에는 모두 입국하는 것을 허락한다.

126

🇰🇷 입대하다 [入隊하다]

🇨🇳 入伍 (rù wǔ)

例 自从李冬入伍之后，几个好朋友都经常给他写信。

이동이가 입대한 이후로 몇몇 친한 친구들은 그에게 자주 편지를 써주었다.

127

🇰🇷 입원하다 [入院하다]

🇨🇳 住院 (zhù yuàn)

例 住院期间绝对不能喝酒，应该对饮食多加注意。

입원하는 동안에는 절대 음주를 할 수 없으며, 음식에 대해 주의를 기울여야 한다.

128

[韓] 자극하다 [刺戟하다]

[中] 刺激 (cì jī)

[例] 化学药品的味道刺激人的鼻子。

화학 약품 냄새가 사람의 코를 자극한다.

129

[韓] 작업하다 [作業하다]

[中] 工作 (gōng zuò)

[例] 他在工作的时候不喜欢被打扰。

그는 작업할 때 방해받는 것을 좋아하지 않는다.

130

[韓] 작정하다 [作定하다]

[中] 决定 (jué dìng)

[例] 他决定离开家乡，开始新的生活。

그는 고향을 떠나 새로운 삶을 시작하기로 작정하였다.

131

[韓] 재건하다 [再建하다]

[中] 重建 (chóng jiàn)

[例] 重建家园需要国内外各行各业的大力支持。

고향을 재건하는 데에는 국내외 각계각층의 전폭적인 지지가 필요하다.

132

[韓] 적발하다 [摘發하다]

[中] 揭发 (jiē fā)

[例] 要动员全民揭发各界的腐败行为。

전 국민을 동원하여 각계각층의 부정부패를 적발하도록 해야 한다.

133

[韓] 전개하다 [展開하다]

[中] 开展 (kāi zhǎn)

[例] 学校开展献血活动。

학교에서 헌혈 캠페인을 전개하였다.

134

[韓] 전락하다 [轉落하다]

[中] 沦落 (lún luò)

[例] 原本富裕的国家因为不断的内战，最终沦落为世界最贫穷的国家了。

원래 부유했던 나라가 끊임없는 내전으로 인해 세계적으로 가장 가난한 나라로 전락하였다.

135

[韓] 전멸하다 [全滅하다]

[中] 歼灭 (jiān miè)

[例] 在这次战役歼灭了七万敌军，取得了重大胜利。

이번 전역에서 7만 명의 적군을 전멸하고 중대한 승리를 거두었다.

136

韓 점검하다 [點檢하다]

中 检查 (jiǎn chá)

例 为了大家的安全，在出发之前必须检查各种装备是否齐全。

모두의 안전을 위하여 출발하기 전에 각종 장비가 정비되었는지 반드시 점검해야 한다.

137

韓 점검하다 [點檢하다]

中 检点 (jiǎn diǎn)

例 不光是机场就连地铁站都在检点行李。

공항뿐만 아니라 심지어 지하철역에서까지 짐을 점검하고 있다.

138

🇰🇷 정박하다 [碇泊하다]

🇨🇳 停泊 (tíng bó)

例 海边停泊着许多来自世界各国的商船，很是壮观。

해변가에는 세계 각국에서 온 상선들이 정박해 있었는데 아주 장관이었다.

139

🇰🇷 정착하다 [定着하다]

🇨🇳 定居 (dìng jū)

例 期待世界各国的朋友来韩国定居。

세계 각국의 친구들이 한국으로 와서 정착하는 것을 기대한다.

140

[韓] 제거하다 [除去하다]

[中] 消除 (xiāo chú)

[例] 如果想快速消除空气中的有害成分，首先要注意经常通风换气。

만약 공기 속의 유해 성분을 빨리 제거하고자 한다면 우선 자주 통풍하고 환기하는 데에 주의해야 한다.

141

[韓] 제압하다 [制壓하다]

[中] 压制 (yā zhì)

[例] 如果压制不住现场的氛围，事情就会越闹越大。

만약 현장의 분위기를 제대로 제압하지 못하면 사태는 점점 커질 것이다.

142

🇰🇷 제한하다 [制限하다]

🇨🇳 限制 (xiàn zhì)

例 很惋惜当时动荡的社会环境最终限制了他艺术上的发展。

애석하게도 당시의 혼란스러운 사회환경이 결국 그의 예술적인 발전을 제한하였다.

143

🇰🇷 조립하다 [組立하다]

🇨🇳 组装 (zǔ zhuāng)

例 看完说明书之后再组装才会准确无误。

설명서를 다 읽고 나서 조립해야만 착오가 없다.

144

韓 조심하다 [操心하다]

中 小心 (xiǎo xīn)

例 下雪之后路上容易结冰而且非常滑, 所以必须小心开车。

눈이 내린 이후에는 도로에 결빙이 생기기 쉬우며 게다가 상당히 미끄럽기에 운전을 꼭 조심해야 한다.

【분석】 한국 한자어 '操心하다'와 중국어의 '小心'은 동형 동의어 관계이다. 반면에 중국어 어휘 '操心'은 '걱정하다, 근심하다, 마음을 쓰다'의 의미로 사용됨에 유의해야 한다. 한국 한자어 '操心하다'와 중국어의 '操心' 이 두 어휘는 한중 대조에 있어서 동형 동의어 관계가 아닌 동형 이의어이다.

145

韓 졸업하다 [卒業하다]

中 毕业 (bì yè)

例 下个学期就毕业了, 所以从现在开始必须要努力找工作。

다음 학기에 곧 졸업하기 때문에 지금부터 반드시 직장을 찾는 데에 힘써야 한다.

146

韓 지급하다 [支給하다]

中 支付 (zhī fù)

例 所有留学经费都由国家来支付, 留学生只管好好学习。

모든 유학 경비는 국가에서 지급하니, 유학생들은 열심히 공부하면 된다.

147

韓 지불하다 [支拂하다]

中 支付 (zhī fù)

例 支付给受害者的全额赔偿金由国家来负责。

피해자에게 지불하는 배상금 전액은 국가에서 책임을 지도록 한다.

148

[韓] 지적하다 [指摘하다]

[中] 指责 (zhǐ zé)

[例] 经常指责他人的缺点是不好的习惯。

타인의 결점을 늘 지적하는 것은 좋지 않은 습관이다.

149

[韓] 진격하다 [進擊하다]

[中] 进攻 (jìn gōng)

[例] 又开始向敌营猛烈进攻。

또다시 적의 진영을 향해 맹렬히 진격하였다.

150

[韓] 진찰하다 [診察하다]

[中] 诊断 (zhěn duàn)

[例] 没有经过医生诊断，是万万不能随便用药的。

의사가 진찰하지 않고서 절대로 약을 함부로 써서는 안 된다.

151

[韓] 진출하다 [進出하다]

[中] 挺进 (tǐng jìn)

[例] 新开发的产品已经向国际市场挺进，而且销量也在不断增长。

새로 개발한 제품이 국제시장으로 진출했으며 게다가 판매량도 끊임없이 증가하고 있다.

152

[韓] 진학하다 [進學하다]

[中] 升学 (shēng xué)

[例] 因为当时要考虑家庭的经济条件, 所以他只能打消了升学的念头。

그때는 집안의 경제 사정을 고려해야 했기에 그는 부득이하게 진학하려는 생각을 단념하게 되었다.

153

[韓] 질문하다 [質問하다]

[中] 提问 (tí wèn)

[例] 根据老师的经验, 课堂上提问越多的同学成绩也越高。

선생님의 경험에 의하면 수업 시간에 많이 질문하는 학생일수록 성적도 더 높았다.

【분석】 한국 한자어 '質問하다'와 중국어의 '提问'은 동형 동의어 관계이다. 반면에 중국어 어휘 '质问'은 "책문하다, 힐문하다.'의 의미로 사용됨에 유의해야 한다. 이를테면 "质问共和党委员。"은 "공화당 위원을 책문하다."의 의미이다. 그러므로 한국 한자어 '質問하다'와 중국어의 '质问' 이 두 어휘는 한중 대조에 있어서 동형 동의어 관계가 아닌 동형 이의어이다.

154

[韓] 질주하다 [疾走하다]

[中] 疾驰 (jí chí)

[例] 汽车疾驰在高速公路上。

자동차가 고속도로에서 질주하고 있다.

155

[韓] 차단하다 [遮斷하다]

[中] 隔断 (gé duàn)

[例] 因为疫情进一步扩散, 整个城市与外界的联系和往来被再次隔断。

전염병이 확산함에 따라 전 도시와 외계의 연결과 왕래는 다시 차단되었다.

156

🇰🇷 참견하다 [参見하다]

🇨🇳 参与 (cān yù)

例 不能随便参与人家的家庭纠纷。

다른 사람의 집안 다툼에 함부로 참견해서는 안 된다.

157

🇰🇷 참석하다 [参席하다]

🇨🇳 参加 (cān jiā)

例 他按时参加了会议。

그는 회의에 제때 참석하였다.

158

🇰🇷 채색하다 [彩色하다]

🇨🇳 上色 (shàng shǎi)

📝 他已经开始上色,而我的轮廓都没画好。

그는 벌써 채색하기 시작했는데, 나는 아직 그림의 윤곽 스케치도 다 끝나지 않았다.

【분석】한국 한자어 '彩色하다'는 동사이고 반면에 중국어의 '彩色'은 명사임에 유의해야 한다. 한국 한자어 '彩色하다'와 중국어의 '彩色' 이 두 어휘는 한중 대조에 있어서 동형 동의어 관계가 아닌 동형 이의어이다.

159

🇰🇷 청구하다 [請求하다]

🇨🇳 申请 (shēn qǐng)

📝 在指定期间之内应该即时申请并提交事故的保险索赔申请书。

지정한 기간 내에 사고 손해배상을 청구하고 보험 신청서를 제출해야 한다.

【분석】중국어에서 '请求'는 '1) 요구사항을 말해 만족되기를 바라다(동사), 2) 요구나 바라는 바의 것(명사)'의 의미로 사용된다. 한국어의 '전기요금청구서'를 중국어로 '电费请求书'라 표현하면 非文이 되며 '电费缴费收款单' 또는 '电费收据'라고 표현해야 함에 유의해야 한다.

160

추방하다 [追放하다]

流放 (liú fàng)

当时罪犯们都会流放到这个偏僻的岛屿进行管理。

당시 범죄자들은 모두 이 외진 섬으로 추방되어 일괄적으로 관리하였다.

161

치장하다 [治粧하다]

妆饰 (zhuāng shì)

马上要结婚了，他们的婚房妆饰得相当漂亮。

결혼을 앞두고 있는데 그들의 신혼집은 정말로 아름답게 치장되어 있었다.

162

韓 치하하다 [致賀하다]

中 祝贺 (zhù hè)

例 总统发来电文, 大加祝贺韩国运动员取得的优异成绩。

대통령은 전문을 보내 한국 선수들이 이룬 높은 성과를 크게 치하하였다.

163

韓 칠하다 [漆하다]

中 涂漆 (tú qī)

例 涂漆面非常光滑, 要小心摔倒。

도료를 칠한 표면이 상당히 미끄러우니 넘어지지 않도록 조심해야 한다.

164

[韓] 침공하다 [侵攻하다]

[中] 侵袭 (qīn xí)

[例] 敌军再次侵袭我国领土。

적군은 우리나라 영토를 다시 침공하였다.

165

[韓] 탄압하다 [彈壓하다]

[中] 镇压 (zhèn yā)

[例] 他们大肆镇压了一切反对势力。

그들은 모든 반대 세력을 마구 탄압했다.

166

[韓] 탈출하다 [脫出하다]

[中] 逃脫 (táo tuō)

[例] 小的时候不懂事，一心想逃脱家长的束缚。

어렸을 때는 철이 없어서 부모님의 속박에서 탈출하고자 하는 마음뿐이었다.

167

[韓] 탈환하다 [奪還하다]

[中] 夺 (duó)

[例] 夺回重要阵地。

중요한 진지를 탈환하였다.

【분석】 한국 한자어 '奪還하다'는 어휘이지만, 중국어에서 '夺回'는 '夺'과 '回'를 결합시킨 動補構造(동보구조)의 어구임에 유의해야 한다. 중국어에서 동사와 보어 '回'를 결합하여 '동사 + 回' 형식의 구조 형태가 종종 사용되고 있으나 이는 곧 '동사 + 回'를 하나의 어휘로 취급한다는 것을 의미하지는 않는다. 중국어에서 '夺'은 '빼앗다, 결정하다'의 의미를 나타내는 동사이고, '回'는 동사 '夺' 뒤에 붙어 동작의 방향을 제시하는 방향 보어의 역할을 한다. 즉 '夺 + 回'는 하나의 결합된 동보 구조형식이나 개별 어휘로서의 자격을 갖지 않는다. 중국에서 출판된 사전에는 '夺回'라는 표제어가 없는 데에 반해 『中韓辭典』을 비롯한 한국 다수의 중국어 사전에서는 '夺回'를 품사가 동사인 개별 어휘로 풀이하고 있으며, 중한 표제어 수록의 차이를 보인다.

168

[韓] 탐구하다 [探究하다]

[中] 探求 (tàn qiú)

[例] 人类文明的发展史，非常值得我们继续去探求。

인류 문명의 발전사는 우리가 지속적으로 탐구할 만한 가치가 충분하다.

169

[韓] 탐사하다 [探査하다]

[中] 勘探 (kān tàn)

[例] 那家公司正在勘探石油。

그 회사는 석유를 탐사하고 있다.

170

韓 토의하다 [討議하다]

中 讨论 (tǎo lùn)

例 市长每月定期与市民们讨论环境保护问题。

시장은 매월 정기적으로 시민들과 환경보호 문제에 대해 토의한다.

171

韓 통제하다 [統制하다]

中 控制 (kòng zhì)

例 严格控制传染病的扩散。

전염병의 확산을 엄격히 통제한다.

172

[韓] 퇴원하다 [退院하다]

[中] 出院 (chū yuàn)

[例] 出院之后不要做激烈的运动，并且对饮食卫生多加注意。

퇴원 후에는 격렬한 운동을 삼가야 하고, 음식 위생에 대해 주의를 기울여야 한다.

173

[韓] 파손하다 [破損하다]

[中] 损坏 (sǔn huài)

[例] 不损坏公共设施是每个市民应尽的义务和责任。

공공시설을 파손하지 않는 것은 시민으로서의 의무이고 마땅히 지켜야 하는 책임이다.

174

[韓] 파직하다 [罷職하다]

[中] 免职 (miǎn zhí)

[例] 对贪官污吏进行免职, 并且对通过不法手段取得的全部财产进行没收。

탐관오리들은 파직하며 불법적인 방법으로 취득한 전체 재산에 대해 몰수하도록 한다.

175

[韓] 판정하다 [判定하다]

[中] 判断 (pàn duàn)

[例] 经过各项审查之后, 才可以判断那个公司的财务结构是否稳健。

여러 항목의 심사를 거친 후에야 그 회사의 재무구조가 튼실한지에 대해 판정할 수 있다.

176

[韓] 폐쇄하다 [閉鎖하다]

[中] 闭塞 (bì sè)

[例] 当地的文化不完全闭塞也不完全开放。

그곳의 문화는 완전히 폐쇄하지도 완전히 개방하지도 않았다.

177

[韓] 폐지하다 [廢止하다]

[中] 废除 (fèi chú)

[例] 新的学分制度也因此而废除。

새로운 학점 제도도 이로 인하여 폐지되었다.

178

韓 표현하다 [表現하다]

中 表达 (biǎo dá)

例 我因为不善于说话，感情始终表达不出来。

나는 언변에 능하지 못했기 때문에, 줄곧 감정을 제대로 표현하지 못하였다.

179

韓 학살하다 [虐殺하다]

中 屠杀 (tú shā)

例 侵略者屠杀了无数的无辜百姓，现场惨不忍睹。

침략자들은 무수히 많은 무고한 백성들을 학살하였고, 그 현장은 도저히 눈을 뜨고 볼 수가 없었다.

180

[韓] 함락하다 [陷落하다]

[中] 攻陷 (gōng xiàn)

[例] 在敌人的猛烈攻击之下, 这座历史悠久的美丽城市终竟被攻陷了。

적들은 맹렬한 공격하에 이 역사가 유구한 아름다운 도시는 결국 함락하고 말았다.

181

[韓] 합산하다 [合算하다]

[中] 合计 (hé jì)

[例] 三个单位的员工合计近四百人。

세 기관의 직원 수를 합산하면 4백 명 가까이 된다.

182

[韓] 합세하다 [合勢하다]

[中] 联合 (lián hé)

[例] 各国的民众迅速联合起来, 向全世界的各种媒体呼吁保护环境人人有责。

각국의 민중들은 신속히 합세하여 전 세계의 각종 매체에 대해 환경보호는 개개인의 책임과 의무라고 호소하였다.

183

[韓] 해당하다 [該當하다]

[中] 相当 (xiāng dāng)

[例] 这片广阔的森林相当于国土面积的百分之二十, 所以更要好好保护。

이 광활한 숲은 국토 면적의 20%에 해당하기에 더더욱 잘 보호해야 한다.

184

[韓] 허용하다 [許容하다]

[中] 容许 (róng xǔ)

[例] 在学校容许的范围内校内的各个社团都可以进行自由活动。

학교가 허용하는 범위 내에서 교내의 각 동아리는 모두 자유롭게 활동을 진행할 수 있다.

185

[韓] 호소하다 [呼訴하다]

[中] 呼吁 (hū yù)

[例] 向全国各个媒体呼吁。

전국의 각 매체에 호소하였다.

186

[韓] 혼인하다 [婚姻하다]

[中] 结婚 (jié hūn)

[例] 我已经到了应该结婚的年龄了, 可是现在连个女朋友都没有!

나는 이미 혼인해야 할 나이가 되었는데 지금 여자친구도 없으니 말이다!

【분석】 중국어에서 '婚姻'은 명사로 사용되며, 동사 '婚姻하다'는 중국어에서 '结婚'으로 표현됨에 유의해야 한다.

2. 한중 어휘 가나다별 총색인

한국어	중국어	암기
🇰🇷가담하다 [加擔하다]	🇨🇳加入 jiā rù	
🇰🇷각오하다 [覺悟하다]	🇨🇳觉醒 jué xǐng	
🇰🇷간택하다 [揀擇하다]	🇨🇳拣选 jiǎn xuǎn	
🇰🇷간행하다 [刊行하다]	🇨🇳发行 fā xíng	
🇰🇷간호하다 [看護하다]	🇨🇳护理 hù lǐ	
🇰🇷감당하다 [堪當하다]	🇨🇳堪 kān	
🇰🇷감전하다 [感電하다]	🇨🇳触电 chù diàn	
🇰🇷강요하다 [强要하다]	🇨🇳强加 qiáng jiā	
🇰🇷개최하다 [開催하다]	🇨🇳开办 kāi bàn	
🇰🇷거부하다 [拒否하다]	🇨🇳拒绝 jù jué	
🇰🇷거역하다 [拒逆하다]	🇨🇳拒绝 jù jué	
🇰🇷거처하다 [居處하다]	🇨🇳居住 jū zhù	
🇰🇷견학하다 [見學하다]	🇨🇳见习 jiàn xí	
🇰🇷경감하다 [輕減하다]	🇨🇳减轻 jiǎn qīng	
🇰🇷고민하다 [苦悶하다]	🇨🇳苦恼 kǔ nǎo	
🇰🇷고생하다 [苦生하다]	🇨🇳受苦 shòu kǔ	

🇰공격하다 [攻擊하다]	🇨攻打 gōng dǎ	
🇰공급하다 [供給하다]	🇨供应 gōng yìng	
🇰공사하다 [工事하다]	🇨施工 shī gōng	
🇰공연하다 [公演하다]	🇨表演 biǎo yǎn	
🇰과시하다 [誇示하다]	🇨夸耀 kuā yào	
🇰과시하다 [誇示하다]	🇨夸大 kuā dà	
🇰과장하다 [誇張하다]	🇨张大 zhāng dà	
🇰관람하다 [觀覽하다]	🇨观看 guān kàn	
🇰관리하다 [管理하다]	🇨掌管 zhǎng guǎn	
🇰관통하다 [貫通하다]	🇨打通 dǎ tōng	
🇰교대하다 [交代하다]	🇨交接 jiāo jiē	
🇰구걸하다 [求乞하다]	🇨乞求 qǐ qiú	
🇰구걸하다 [求乞하다]	🇨求告 qiú gào	
🇰구급하다 [救急하다]	🇨急救 jí jiù	
🇰구원하다 [救援하다]	🇨援救 yuán jiù	
🇰구입하다 [購入하다]	🇨购买 gòu mǎi	
🇰권유하다 [勸誘하다]	🇨劝说 quàn shuō	
🇰권장하다 [勸獎하다]	🇨劝勉 quàn miǎn	

韓규탄하다 [糾彈하다]	中弹劾 tán hé	
韓급변하다 [急變하다]	中骤变 zhòu biàn	
韓기원하다 [祈願하다]	中祈求 qí qiú	
韓기획하다 [企劃하다]	中规划 guī huà	
韓낙심하다 [落心하다]	中灰心 huī xīn	
韓내왕하다 [來往하다]	中往来 wǎng lái	
韓담당하다 [擔當하다]	中担任 dān rèn	
韓답례하다 [答禮하다]	中答谢 dá xiè	
韓당면하다 [當面하다]	中面临 miàn lín	
韓당부하다 [當付하다]	中嘱付 zhǔ fù	
韓당황하다 [唐慌하다]	中惊慌 jīng huāng	
韓대비하다 [對備하다]	中对付 duì fu	
韓대신하다 [代身하다]	中代替 dài tì	
韓대응하다 [對應하다]	中对付 duì fu	
韓대처하다 [對處하다]	中对付 duì fu	
韓대피하다 [待避하다]	中躲避 duǒ bì	
韓도달하다 [到達하다]	中达到 dá dào	
韓도발하다 [挑發하다]	中挑衅 tiǎo xìn	

韓 도착하다 [到着하다]	中 到达 dào dá	
韓 등분하다 [等分하다]	中 平分 píng fēn	
韓 등용하다 [登用하다]	中 录用 lù yòng	
韓 망명하다 [亡命하다]	中 流亡 liú wáng	
韓 맹세하다 [盟誓하다]	中 发誓 fā shì	
韓 멸시하다 [蔑視하다]	中 藐视 miǎo shì	
韓 모금하다 [募金하다]	中 募捐 mù juān	
韓 모방하다 [模倣하다]	中 仿效 fǎng xiào	
韓 모방하다 [模倣하다]	中 效仿 xiào fǎng	
韓 모함하다 [謀陷하다]	中 陷害 xiàn hài	
韓 문안하다 [問安하다]	中 问候 wèn hòu	
韓 발견하다 [發見하다]	中 发现 fā xiàn	
韓 발악하다 [發惡하다]	中 发狂 fā kuáng	
韓 방송하다 [放送하다]	中 播放 bō fàng	
韓 방출하다 [放出하다]	中 发放 fā fàng	
韓 방해하다 [妨害하다]	中 妨碍 fáng ài	
韓 배급하다 [配給하다]	中 分配 fēn pèi	
韓 배분하다 [配分하다]	中 分配 fēn pèi	

韓 배치하다 [排置하다]	中 安排 ān pái	
韓 변명하다 [辨明하다]	中 辨白 biàn bái	
韓 변장하다 [變裝하다]	中 化装 huà zhuāng	
韓 보유하다 [保有하다]	中 持有 chí yǒu	
韓 복구하다 [復舊하다]	中 恢复 huī fù	
韓 부탁하다 [付託하다]	中 拜托 bài tuō	
韓 부탁하다 [付託하다]	中 托付 tuō fù	
韓 분간하다 [分揀하다]	中 分辨 fēn biàn	
韓 분별하다 [分別하다]	中 分辨 fēn biàn	
韓 분장하다 [扮裝하다]	中 装扮 zhuāng bàn	
韓 사과하다 [謝過하다]	中 谢罪 xiè zuì	
韓 사양하다 [辭讓하다]	中 谦让 qiān ràng	
韓 산책하다 [散策하다]	中 散步 sàn bù	
韓 상륙하다 [上陸하다]	中 登陆 dēng lù	
韓 색칠하다 [色漆하다]	中 涂色 tú sè	
韓 선교하다 [宣教하다]	中 传教 chuán jiào	
韓 설득하다 [說得하다]	中 劝说 quàn shuō	
韓 성묘하다 [省墓하다]	中 扫墓 sǎo mù	

111

🇰세배하다 [歲拜하다]	🇨拜年 bài nián	
🇰세수하다 [洗手하다]	🇨洗脸 xǐ liǎn	
🇰소개하다 [紹介하다]	🇨介绍 jiè shào	
🇰소매하다 [小賣하다]	🇨零卖 líng mài	
🇰수신하다 [受信하다]	🇨收信 shōu xìn	
🇰수영하다 [水泳하다]	🇨游泳 yóu yǒng	
🇰수정하다 [修正하다]	🇨修改 xiū gǎi	
🇰수출하다 [輸出하다]	🇨出口 chū kǒu	
🇰숙달하다 [熟達하다]	🇨熟练 shú liàn	
🇰승진하다 [昇進하다]	🇨晋升 jìn shēng	
🇰시기하다 [猜忌하다]	🇨妒忌 dù jì	
🇰시작하다 [始作하다]	🇨开始 kāi shǐ	
🇰시해하다 [弑害하다]	🇨弑杀 shì shā	
🇰압수하다 [押收하다]	🇨没收 mò shōu	
🇰애걸하다 [哀乞하다]	🇨哀求 āi qiú	
🇰애원하다 [哀願하다]	🇨哀求 āi qiú	
🇰약속하다 [約束하다]	🇨约定 yuē dìng	
🇰억압하다 [抑壓하다]	🇨压抑 yā yì	

🇰🇷연극하다 [演劇하다]	🇨🇳演戏 yǎn xì	
🇰🇷연마하다 [鍊磨하다]	🇨🇳磨炼 mó liàn	
🇰🇷연명하다 [延命하다]	🇨🇳度命 dù mìng	
🇰🇷염려하다 [念慮하다]	🇨🇳挂念 guà niàn	
🇰🇷예상하다 [豫想하다]	🇨🇳预料 yù liào	
🇰🇷왕래하다 [往來하다]	🇨🇳来往 lái wǎng	
🇰🇷요약하다 [要約하다]	🇨🇳摘要 zhāi yào	
🇰🇷용서하다 [容恕하다]	🇨🇳饶恕 ráo shù	
🇰🇷운반하다 [運搬하다]	🇨🇳搬运 bān yùn	
🇰🇷운영하다 [運營하다]	🇨🇳经营 jīng yíng	
🇰🇷원망하다 [怨望하다]	🇨🇳抱怨 bào yuàn	
🇰🇷위로하다 [慰勞하다]	🇨🇳安慰 ān wèi	
🇰🇷유용하다 [流用하다]	🇨🇳挪用 nuó yòng	
🇰🇷응답하다 [應答하다]	🇨🇳答应 dā ying	
🇰🇷응원하다 [應援하다]	🇨🇳声援 shēng yuán	
🇰🇷의존하다 [依存하다]	🇨🇳依赖 yī lài	
🇰🇷의지하다 [依支하다]	🇨🇳依靠 yī kào	
🇰🇷입교하다 [入校하다]	🇨🇳入学 rù xué	

韓 입국하다 [入國하다]	中 入境 rù jìng	
韓 입대하다 [入隊하다]	中 入伍 rù wǔ	
韓 입원하다 [入院하다]	中 住院 zhù yuàn	
韓 자극하다 [刺戟하다]	中 刺激 cì jī	
韓 작업하다 [作業하다]	中 工作 gōng zuò	
韓 작정하다 [作定하다]	中 决定 jué dìng	
韓 재건하다 [再建하다]	中 重建 chóng jiàn	
韓 적발하다 [摘發하다]	中 揭发 jiē fā	
韓 전개하다 [展開하다]	中 开展 kāi zhǎn	
韓 전락하다 [轉落하다]	中 沦落 lún luò	
韓 전멸하다 [全滅하다]	中 歼灭 jiān miè	
韓 점검하다 [點檢하다]	中 检查 jiǎn chá	
韓 점검하다 [點檢하다]	中 检点 jiǎn diǎn	
韓 정박하다 [碇泊하다]	中 停泊 tíng bó	
韓 정착하다 [定着하다]	中 定居 dìng jū	
韓 제거하다 [除去하다]	中 消除 xiāo chú	
韓 제압하다 [制壓하다]	中 压制 yā zhì	
韓 제한하다 [制限하다]	中 限制 xiàn zhì	

韓 조립하다 [組立하다]	中 组装 zǔ zhuāng	
韓 조심하다 [操心하다]	中 小心 xiǎo xīn	
韓 졸업하다 [卒業하다]	中 毕业 bì yè	
韓 지급하다 [支給하다]	中 支付 zhī fù	
韓 지불하다 [支拂하다]	中 支付 zhī fù	
韓 지적하다 [指摘하다]	中 指责 zhǐ zé	
韓 진격하다 [進擊하다]	中 进攻 jìn gōng	
韓 진찰하다 [診察하다]	中 诊断 zhěn duàn	
韓 진출하다 [進出하다]	中 挺进 tǐng jìn	
韓 진학하다 [進學하다]	中 升学 shēng xué	
韓 질문하다 [質問하다]	中 提问 tí wèn	
韓 질주하다 [疾走하다]	中 疾驰 jí chí	
韓 차단하다 [遮斷하다]	中 隔断 gé duàn	
韓 참견하다 [參見하다]	中 参与 cān yù	
韓 참석하다 [參席하다]	中 参加 cān jiā	
韓 채색하다 [彩色하다]	中 上色 shàng shǎi	
韓 청구하다 [請求하다]	中 申请 shēn qǐng	
韓 추방하다 [追放하다]	中 流放 liú fàng	

韓 치장하다 [治粧하다]	中 妆饰 zhuāng shì	
韓 치하하다 [致賀하다]	中 祝贺 zhù hè	
韓 칠하다 [漆하다]	中 涂漆 tú qī	
韓 침공하다 [侵攻하다]	中 侵袭 qīn xí	
韓 탄압하다 [彈壓하다]	中 镇压 zhèn yā	
韓 탈출하다 [脫出하다]	中 逃脱 táo tuō	
韓 탈환하다 [奪還하다]	中 夺 duó	
韓 탐구하다 [探究하다]	中 探求 tàn qiú	
韓 탐사하다 [探查하다]	中 勘探 kān tàn	
韓 토의하다 [討議하다]	中 讨论 tǎo lùn	
韓 통제하다 [統制하다]	中 控制 kòng zhì	
韓 퇴원하다 [退院하다]	中 出院 chū yuàn	
韓 파손하다 [破損하다]	中 损坏 sǔn huài	
韓 파직하다 [罷職하다]	中 免职 miǎn zhí	
韓 판정하다 [判定하다]	中 判断 pàn duàn	
韓 폐쇄하다 [閉鎖하다]	中 闭塞 bì sè	
韓 폐지하다 [廢止하다]	中 废除 fèi chú	
韓 표현하다 [表現하다]	中 表达 biǎo dá	

韓 학살하다 [虐殺하다]	中 屠杀 tú shā	
韓 함락하다 [陷落하다]	中 攻陷 gōng xiàn	
韓 합산하다 [合算하다]	中 合计 hé jì	
韓 합세하다 [合勢하다]	中 联合 lián hé	
韓 해당하다 [該當하다]	中 相当 xiāng dāng	
韓 허용하다 [許容하다]	中 容许 róng xǔ	
韓 호소하다 [呼訴하다]	中 呼吁 hū yù	
韓 혼인하다 [婚姻하다]	中 结婚 jié hūn	

■ 최금단(崔金丹, 추이진단) 교수

중국(북경) 중앙민족대학 민족학(문화인류학·중국지역학) 학사
성균관대학교 대학원 중어중문학과(한중대조언어학) 석사·박사
현) 대진대학교 상생교양대학 교수
KBS 〈아침마당〉 중국문화 전문가 패널
한국일보 〈한국에 살면서〉 칼럼니스트
세계일보 〈한국에서 보니〉 칼럼니스트

■ 주요 저서
『한국어 단어로 배우는 중국어 단어』
『한국인은 왜 까치밥을 남길까?』
『現代 中國語와 韓國 漢字語의 對比 硏究』
『유네스코와 함께 떠나는 다문화 속담 여행』(공저)
『This is Chinese 1』(공저)
『한국어 발음 교육』(공저)
『바른 소리 -중국어 화자를 위한 한국어 발음 습득 교재』(중국어편)
『결혼이민자를 위한 한국어 첫걸음 -사랑해요, 대한민국』(중국어편)

초판인쇄	2023년 10월 19일
초판발행	2023년 10월 24일
저　　자	최금단
발 행 인	권호순
발 행 처	시간의물레
주　　소	경기도 파주시 숲속노을로 150, 708-701
전　　화	031-945-3867
팩　　스	031-945-3868
전자우편	timeofr@naver.com
홈페이지	http://www.mulretime.com
블 로 그	http://blog.naver.com/mulretime
ＩＳＢＮ	978-89-6511-447-5 (97320)
정　　가	15,000원

ⓒ 2023 최금단
* 잘못된 책은 바꾸어 드립니다.